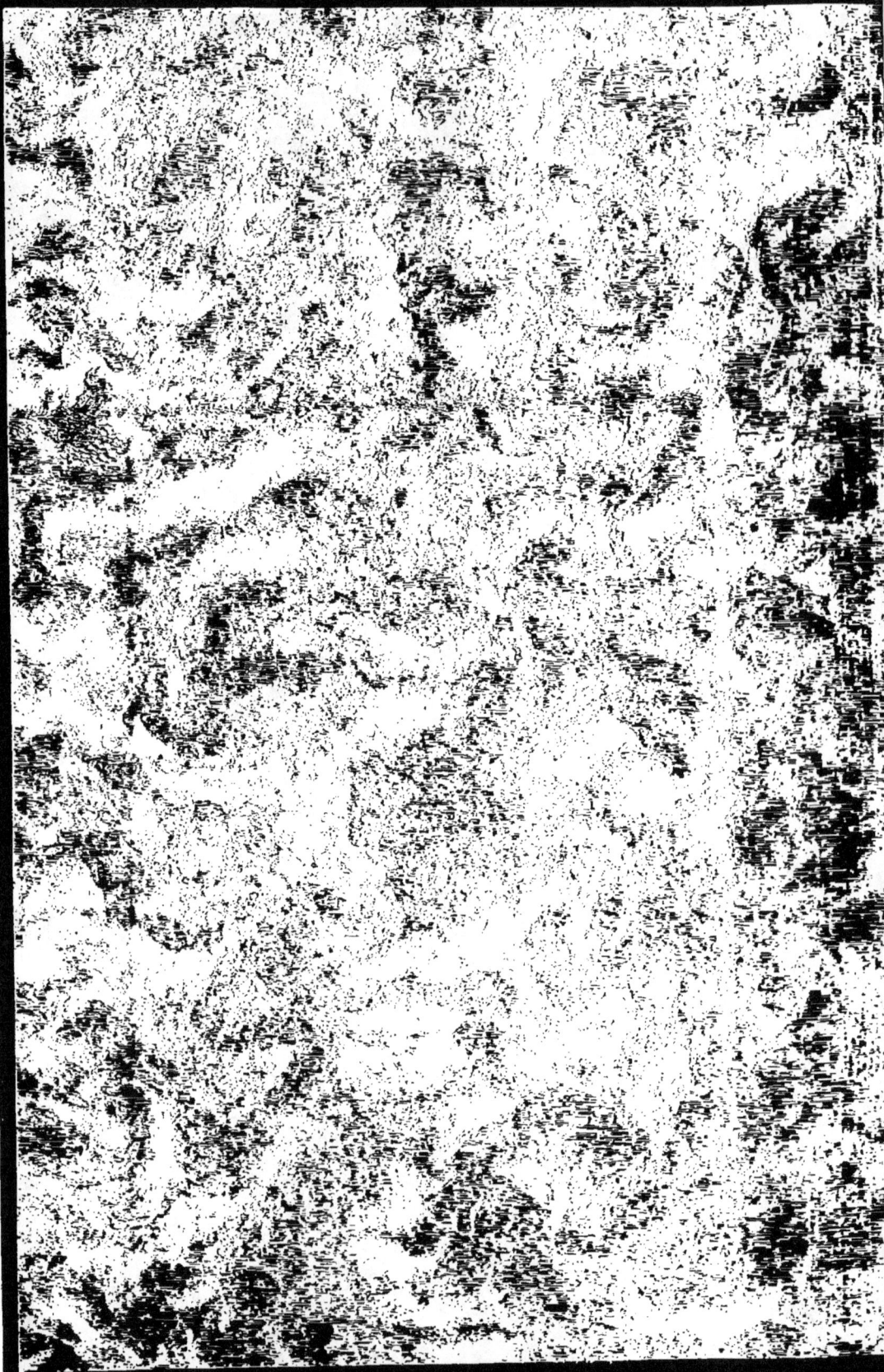

G.BÉREAUX 1989

COLLECTION

DE

VINGT PORTRAITS

DU SIECLE DE LOUIS XIV.

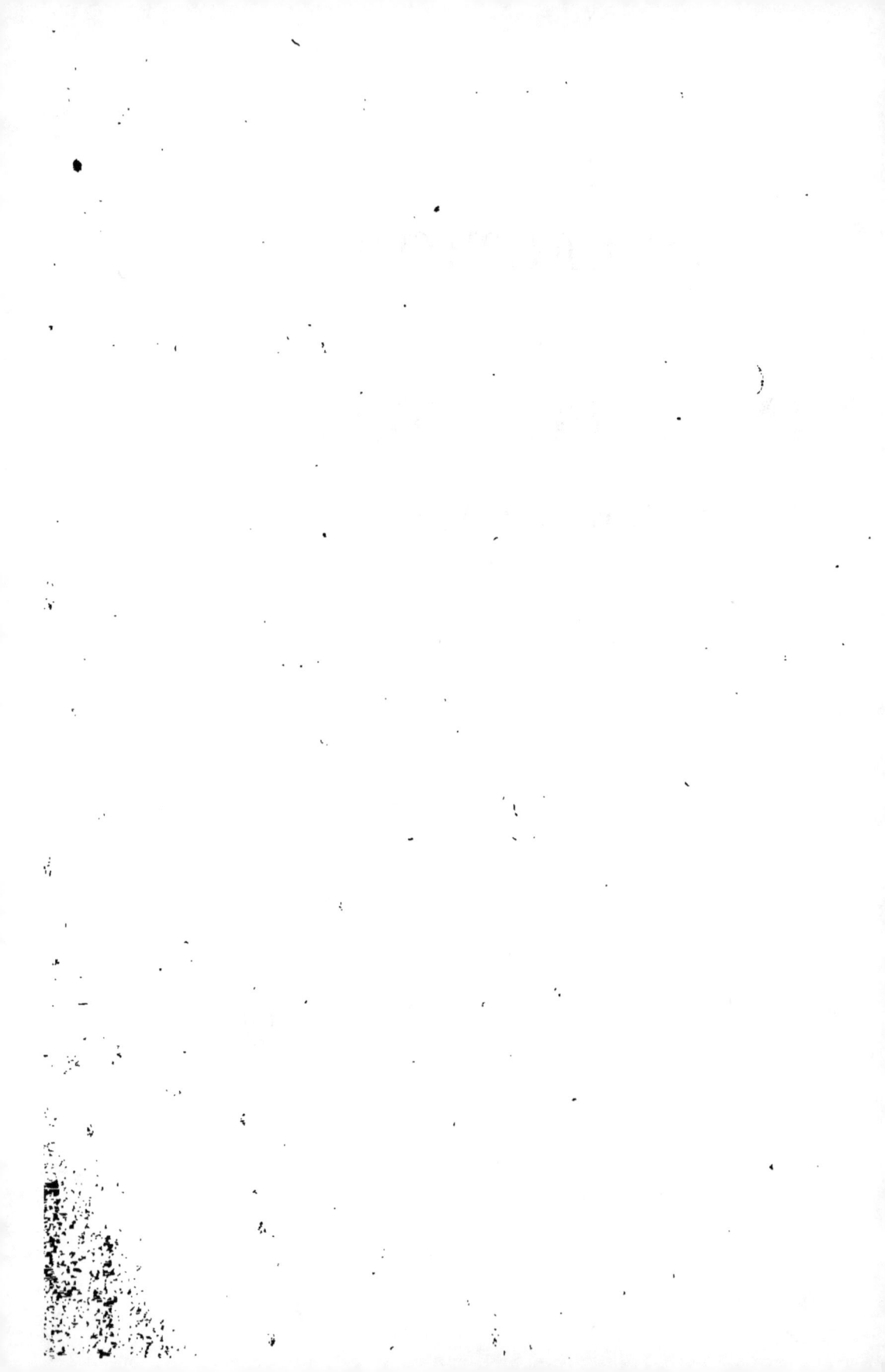

COLLECTION

DE

VINGT PORTRAITS

DU SIECLE DE LOUIS XIV

QUE L'ON PEUT JOINDRE A LA NOUVELLE ÉDITION

DES LETTRES DE MADAME DE SÉVIGNÉ

IMPRIMÉES PAR P. DIDOT, L'AÎNÉ.

A PARIS,

J. J. BLAISE, LIBRAIRE DE S. A. S. MADAME
LA DUCHESSE D'ORLÉANS DOUAIRIÈRE,
QUAI DES AUGUSTINS, N° 61, À LA BIBLE D'OR.

M D CCC XVIII.

PORTRAITS.

N° I.

———

MARIE-THÉRÈSE D'AUTRICHE, infante d'Espagne, fille unique de Philippe IV, roi d'Espagne, de son premier mariage avec Elisabeth de France, naquit le 20 septembre 1638; elle fut mariée au roi Louis XIV, à Fontarabie, par l'évêque de Pampelune, le 4 juin 1660. La cérémonie fut faite à Saint-Jean-de-Luz le neuf du même mois. Elle fit son entrée solennelle à Paris le 26 août suivant. Le roi la déclara régente pendant son voyage de Flandre de l'année 1667 et celui de Hollande de l'année 1672; elle mourut à Versailles le vendredi 30 juillet 1683, sur les trois heures après midi, à l'âge de 45 ans; son corps fut porté avec pompe à Saint-Denis le 10 août suivant, et son cœur en l'église du Val-de-Grace, à Paris.

Cette princesse, d'un caractère simple et tranquille, fut citée en tout comme la femme la plus douce et la plus vertueuse de son siècle; elle avoit pour le roi une passion véritable, et la conduite qu'elle tint vis-à-vis de lui, malgré les torts nombreux qu'il se permettoit, ne le prouve que trop bien. Louis XIV savoit apprécier cette tendresse, et, quelle que fût d'ailleurs la légèreté de sa conduite, il sut toujours conserver pour la reine les égards que son caractère, encore plus que son rang, la mettoit en droit d'exiger de lui. On sait qu'il dit à la mort de cette princesse : *Voilà le premier chagrin qu'elle me donne.*

Elle eut du roi six enfants dont les cinq derniers moururent tous en bas âge.

PONCELET.

MARIE THÉRÈSE.

J.J. Blaise Libraire, Quai des Augustins

N° II.

———

Louis, dauphin, nommé MONSEIGNEUR, fils de Louis XIV et de Marie-Thérèse-d'Autriche, naquit au château de Fontainebleau le 1 novembre 1661. Son éducation fut confiée au sage Montausier ; Bossuet et Fléchier furent ses précepteurs. Formé par de tels maîtres, le dauphin devint à-la-fois et un homme de bien et un homme digne de régner un jour sur les François. Cette dernière qualité fut celle toutefois qu'il fit le moins paroître, et peut-être ne faut-il s'en prendre qu'à l'espèce de gêne et de contrainte que le roi son père lui inspiroit, et qu'il ne fit jamais rien pour détruire, quelle que fût d'ailleurs l'affection qu'il portoit à son fils. Le dauphin épousa en 1620 la princesse de Bavière (v. la dauphine), et en 1688 il fut nommé généralissime de l'armée d'Allemagne, il reprit Philisbourg, conquit le Palatinat, et se distingua par sa valeur et ses talents militaires. Il reprit les armes en 1690, puis en 1693, et obligea, dans ces deux campagnes, les impériaux à passer le Rhin sans oser lui livrer le combat. La campagne de 1694, en Flandre,

fut par la sagesse de ses dispositions une des plus hono-
rables pour lui.

Le dauphin n'eût pas déployé sans doute moins d'habileté dans la conduite des affaires du cabinet, que
dans celles de l'armée ; mais une certaine nonchalance,
ou plutôt la crainte de déplaire au roi, le tint toujours
éloigné des affaires de l'État. Il vivoit à la cour avec une
simplicité extrême, dans un cercle fort étroit et où il
étoit expressément interdit de parler de politique. Il vit
avant sa mort son fils le duc d'Anjou monter sur le
trône d'Espagne, et régner sous le nom de Philippe V ;
mais quant à lui il n'occupa jamais celui de France, ce
qui justifie ce qu'on a dit de lui : *Fils de roi, père de roi,
et jamais roi.*

Il mourut à Meudon le 14 avril 1711, de la petite-
vérole, extrêmement regretté du peuple qui plaçoit en
lui toutes ses espérances. Son corps fut porté à Saint-
Denis le 16 du même mois, sans aucune cérémonie à
cause de la nature de sa maladie.

MGR LE DAUPHIN.

J. J. Blaise Libraire, Quai des Augustins.

N° III.

———

MARIE-ANNE-CHRISTINE-VICTOIRE DE BAVIÈRE, fille aînée de Ferdinand-Marie, duc de Bavière, et d'Adélaïde-Henriette de Savoie. Elle épousa à Munich le grand-dauphin, par procuration, le 28 janvier 1680 : le mariage fut accompli à Châlons le 7 mars suivant.

Cette princesse s'annonça en France sous les plus heureux auspices, et parvint, à son arrivée, à capter complétement l'amitié et la bienveillance du roi ; mais son règne fut de courte durée, et elle-même ne contribua pas peu à en abréger le terme : elle n'avoit aucune affection pour sa nouvelle patrie ; et, quoique destinée à monter un jour sur le trône de France, elle conservoit toujours le cœur allemand, et rapportoit tous ses desirs et ses affections à ce seul pays. Cette conduite, jointe à une certaine aigreur de caractère, lui aliéna bientôt l'amour du roi et même celui du grand-dauphin. Les deux époux vécurent ensemble dans des rapports qui n'avoient rien d'affectueux. La dauphine donna le jour, en 1682, au duc de Bourgogne ; en 1683, au duc d'Anjou depuis roi d'Espagne, sous le nom de Philippe V, et en 1686, au duc de Berry : depuis cette dernière époque elle ne jouit plus d'un seul instant de santé, et mourut à Versailles le 20 avril 1690. Son corps fut porté à Saint-Denis le 1 mai, et enterré le 5 juin suivant.

C. V. DE BAVIERE,
DAUPHINE DE FRANCE.

J. J. Blaise Libraire, Quai des Augustins.

LOUIS, duc de Bourgogne, puis dauphin de Viennois, naquit à Versailles le 6 août 1682. Sa première enfance fut terrible : jamais prince ne naquit avec des dispositions à-la-fois plus fâcheuses sous le rapport du caractère, et plus remarquables sous celui de l'esprit. Les premières furent corrigées, les secondes furent développées par les soins assidus de Fénélon, de Fleury et du duc de Beauvilliers, auxquels il fut confié à l'âge de sept ans, et bientôt ce prince offrit les plus brillantes espérances. Ce fut pour cette éducation que Fénélon conçut le plan du Télémaque ; mais il fut séparé de son élève lorsque celui-ci avoit à peine quinze ans. Le prince témoigna, en cette circonstance, la plus vive douleur, et conserva toujours pour son illustre précepteur autant de respect que de reconnoissance.

En 1697 il épousa la princesse de Savoie, et cette union fit le charme et le bonheur de sa vie. En 1702 le roi lui donna le commandement de l'armée de Flandre avec l'assistance et les conseils du maréchal de Boufflers, et il s'y distingua dans un combat de cavalerie. Nommé généralissime de l'armée d'Allemagne en 1705, il s'empara du vieux Brisach sous la direction de Vauban. Revenu à la cour, le roi l'envoya, en 1708, contre Marlborough et le prince Eugène, en qualité de généralissime des armées de Flandre, mais toutefois avec des instructions qui le mettoient sous la dépendance du duc de Vendôme. C'est à la mésintelligence qui s'éleva bientôt entre les deux princes, et peut-être même à l'inexpérience du duc de Bourgogne, qu'il faut attribuer tous les revers de cette guerre désastreuse pour la France. En 1711 il devint dauphin par la mort de son père, et occupa aussitôt à la cour un rang, et dans la confiance de Louis XIV une place que son père lui-même n'avoit jamais obtenue. La mort de la duchesse de Bourgogne qu'il chérissoit tendrement lui porta un coup mortel; il dit lui-même qu'il sentoit bien qu'il ne pourroit lui survivre, et en effet il expira six jours après elle, au château de Marly, le 18 février 1712. Son cœur et celui de la duchesse de Bourgogne furent portés au Val-de-Grace, et leurs corps à Saint-Denis où ils furent enterrés le 19 avril suivant.

LOUIS,
DUC DE BOURGOGNE.

J.J. Blaise Libraire, Quai des Augustins.

MARIE-ADÉLAÏDE DE SAVOIE, fille du premier roi de
Sardaigne, Victor-Amédée II, et d'Anne-Marie d'Orléans, naquit le 6 décembre 1685, et fut mariée au duc
de Bourgogne, dans la chapelle de Versailles, le 7 décembre 1697, en conséquence du traité de paix conclu
à Turin le 29 août 1696. Cette jeune princesse, à son
arrivée à la cour de France, fut livrée aux soins de madame de Maintenon qui parvint à gagner son amitié et
sa confiance au point de recevoir d'elle le nom de tante.
Vive mais légère, et remplie d'esprit, de grace et de
gaieté, elle charma la vieillesse de Louis XIV qui conçut
pour elle la plus tendre affection, et dont elle remplit
tellement l'existence, qu'il ne pouvoit être un seul instant sans la voir. Quel que fût le contraste qui existoit
entre son caractère et celui du duc de Bourgogne, natu-
rellement grave et réfléchi, et d'une dévotion presque
mystique, elle n'en fut pas moins chère à ce prince. Sa
conduite ne fut pas exempte de quelques reproches
qui portoient plutôt sur les inconséquences d'une

extrême jeunesse, que sur des défauts du cœur ou de l'esprit qu'elle avoit tous deux excellents; elle-même sentit à cet égard ce qu'il y avoit d'inconsidéré dans ses manières, et s'appliqua, par un changement total qui s'opéra en elle, à reconquérir tout ce qu'elle avoit pu perdre en estime et en considération chez quelques personnes. Elle donna le jour à trois fils : au duc de Bretagne qui, né en 1704, mourut un an après; en 1707, au petit dauphin aussi duc de Bretagne, mort en 1712; et en 1710, au duc de Bourgogne depuis Louis XV.

Cette charmante princesse fut atteinte, au mois de février 1712, d'une rougeole pourprée qui développa des caractères si alarmants, qu'en moins de six jours elle fut enlevée à une cour dont elle faisoit l'ornement : elle mourut le 12 février, à l'âge de 26 ans. Son époux, désolé, ne tarda pas à la rejoindre. (*Voyez le duc de Bourgogne.*)

M. A. DE SAVOIE,
D.ESSE DE BOURGOGNE.

J. J. Blaise Libraire, Quai des Augustins.

N° VI.

———

PHILIPPE, MONSIEUR, frère unique de Louis XIV, naquit au vieux château de Saint-Germain en Laye le 21 septembre 1640; il fut baptisé le 11 mai 1648.

Son éducation première fut assez négligée, mais son esprit naturel et son amabilité suppléèrent au défaut de connoissances positives. Il étoit d'une grande bravoure, et, après avoir suivi le roi dans ses campagnes de Flandre et de Franche-Comté, il obtint en 1672 le commandement d'une armée qui eut de grands succès en Hollande, gagna en 1677 la célèbre bataille de Cassel contre le prince d'Orange, et se signala dans toutes les campagnes où il se trouva auprès de son frère.

La douceur et la facilité du caractère de Monsieur étoient connues, et peut-être leur dut-il d'avoir été presque constamment environné de gens qu'il auroit dû éloigner avec soin, et qui furent cause des bruits assez fâcheux sur son compte. La gaieté de son caractère, la politesse de ses manières, faisoient le charme de la cour de Louis XIV, où il étoit fort aimé. Il mourut au château de Saint-Cloud, d'une attaque d'apoplexie, le 9 juin 1701.

Il eut d'Henriette d'Angleterre, sa première femme, quatre enfants : un fils et une fille morts fort jeunes, et deux autres filles, dont l'une fut mariée au roi d'Espagne Charles II, et l'autre au roi de Sicile Victor-Amédée, depuis roi de Sardaigne.

Il se remaria, le 21 novembre 1671, à Elisabeth-Charlotte de Bavière dont il eut trois enfants : deux fils, l'un mort à l'âge de deux ans, et l'autre qui fut Philippe le régent, et une fille mariée au duc de Lorraine.

MONSIEUR,
FRERE DE LOUIS XIV.

J. J. Blaise Libraire, Quai des Augustins

———

HENRIETTE-ANNE, fille puînée de Charles I, roi d'Angleterre, et d'Henriette-Marie de France, naquit à Exester le 16 juin 1644. Sa mère, fugitive, fut obligée, pour échapper à des sujets rebelles, de l'abandonner presque aussitôt après sa naissance. Ce ne fut qu'à l'âge de deux ans que sa gouvernante, trompant la surveillance de ses gardiens, parvint à la faire échapper, et la conduisit en France. Elevée sous les yeux de sa mère, les charmes de sa figure et de son esprit la firent paroître à la cour avec un éclat extraordinaire; Monsieur, frère du roi, en devint amoureux, et l'épousa le 31 mars 1661. Ce mariage ne fut pas heureux : le peu de ressemblance du caractère des deux époux porta bientôt la division entre eux, et les attentions trop marquées peut-être du roi pour Madame ne contribuèrent pas peu à entretenir cette désunion.

Louis XIV, occupé de ses projets de conquête sur la Hollande, avoit besoin, pour leur exécution, de détacher l'Angleterre de son union avec elle, et de la rattacher au parti de la France. Ce fut Madame qu'il chargea de cette mission aussi importante que délicate : l'esprit solide et insinuant de cette princesse, et sur-tout la tendresse du roi Charles II, son frère, pour elle, le décidèrent à préférer pour cette négociation une femme de 26 ans à tous les diplomates consommés qu'il avoit auprès de lui. L'événement répondit à son attente : Madame passa en Angleterre, et bientôt obtint la signature d'un traité dont les résultats ne furent pas moins funestes pour la Hollande qu'utiles et glorieux pour la France. Elle jouissoit de son succès, lorsqu'une mort subite l'enleva le 3o juin 1670.

C. Alx. Dien

MADAME, HENRIETTE D'ANGLETERRE.

J. J. Blaise, Libraire, Quai des Augustins.

ANNE-MARIE-LOUISE D'ORLÉANS, fille de Gaston-Jean-Baptiste de France, et de Marie de Bourbon, naquit au Louvre le 29 mai 1627. On lui donna d'abord le nom de Mademoiselle, et ensuite celui de mademoiselle de Montpensier. Son caractère d'intrigue et d'ambition la porta à se déclarer avec chaleur dans les guerres de la Fronde pour le parti du prince de Condé : on sait qu'au combat de la porte Saint-Antoine elle fit tirer le canon sur les troupes du roi. Cette conduite, en la plaçant vis-à-vis de la cour dans une fausse position, eut sur sa vie entière l'influence la plus fâcheuse : aucune des alliances qui lui furent offertes n'eut l'assentiment de la cour, et celles qui lui furent proposées par elle ne pouvoient lui convenir. Enfin, résolue à faire la fortune d'un simple gentilhomme, elle obtint la permission, en 1669, d'épouser le comte de Lauzun. Cette union, dont elle espéroit le bonheur de sa vie, ne réussit pas : la permission lui fut retirée, et l'on peut lire dans les Mémoires du temps tout ce qui se passa à cette occasion. Lauzun quelque temps après fut emprisonné à Pignerol; et Mademoiselle, pour le tirer de sa captivité, fut obligée de faire au duc du Maine la cession de la souveraineté de Dombes et du comté d'Eu. On a même avancé, mais sans preuves suffisantes, qu'elle finit par épouser Lauzun en secret : la conduite qu'elle tint vis-à-vis de lui dans la suite semble toutefois démentir cette assertion.

Elle mourut le 5 avril 1693.

On a d'elle des mémoires sur sa vie dans lesquels un petit nombre de faits importants sont renfermés, mais où il faut dévorer une foule de détails minutieux et sans aucun intérêt.

MADEMOISELLE
DE MONTPENSIER.

J. J. Blaise Libraire, Quai des Augustins.

Nº IX.

————

LOUIS-AUGUSTE DE BOURBON, duc du Maine, fils naturel de Louis XIV et de madame de Montespan, naquit le 31 mars 1670, et fut légitimé par lettres du mois de décembre 1673. Son enfance fut confiée à madame de Maintenon qui s'appliqua à cultiver les heureuses dispositions qu'il annonçoit, et qui dut aux soins qu'elle lui prodigua le principe de la faveur qui depuis l'éleva à un si haut rang. Louis XIV, qui aimoit beaucoup le duc du Maine, fit pour lui plus qu'il n'avoit fait pour tous ses autres enfants naturels : il le créa en 1670 colonel-général des Suisses et Grisons ; et, après plusieurs campagnes dans lesquelles ce jeune prince se signala, il fut pourvu en 1688 de la charge de grand-maître de l'artillerie. Son mariage en 1692 devint encore la cause de nouvelles faveurs : la duchesse du Maine, qui n'avoit pas moins d'ambition que de penchant pour l'intrigue, profita habilement de son crédit sur le roi ; secondée par madame de Maintenon, elle parvint peu-à-peu à faire obtenir à son mari et à ses enfants tous les honneurs des princes du sang; et enfin, en 1714, un édit célèbre les appela à la succession au trône, au cas où la race légitime viendroit à manquer. Après la mort de Louis XIV, le duc d'Orléans, régent, ennemi du duc du Maine, fit révoquer cet édit, et annuller toutes les dispositions favorables qu'il renfermoit pour les princes légitimés; il s'attira par-là des ennemis implacables : le duc et la duchesse du Maine lui en donnèrent bientôt la preuve en entrant dans la conspiration du prince de Cellamare, qui tendoit à enlever le duc d'Orléans, et à faire déclarer Philippe V, roi d'Espagne, régent du royaume. Mais ils furent découverts et arrêtés le 29 décembre 1719 : le duc fut conduit au château de Doulens, et la duchesse à la ville d'Eu; ils ne recouvrèrent leur liberté qu'en 1730, et leur rang que par une déclaration de 1723. Le duc du Maine cessa depuis cet instant de s'occuper des affaires de l'Etat, pour s'adonner exclusivement à l'étude des lettres qui avoit pour lui beaucoup de charmes, et à laquelle ses goûts l'appeloient de préférence. Il mourut le 14 mai 1736, à l'âge de 66 ans, emportant les regrets et l'estime que ses vertus et son caractère avoient su lui concilier.

MGR DUC DU MAINE.

J.J. Blaise Libraire, Quai des Augustins.

N° X.

———

ANNE-LOUISE-BÉNÉDICTE DE BOURBON, fille puînée
d'Henri-Jules de Bourbon, prince de Condé, et d'Anne-
Palatine de Bavière, naquit le 8 novembre 1676. Elle
fut mariée à Versailles, le 19 mars 1692, au duc du
Maine. Petite-fille du grand Condé, elle eut dans l'esprit
et le caractère l'élévation de sentiments de son illustre
aïeul; elle acquit sur son époux un ascendant dont elle
abusa peut-être, mais qu'elle dut plutôt à la supériorité
de son esprit qu'aux charmes de sa figure. On a vu dans
la notice consacrée au duc du Maine les événements qui
leur furent communs ; ils amenèrent entre les deux
époux un refroidissement qui heureusement ne fut pas
de longue durée. La mort de son mari lui permit de se
livrer entièrement à son goût pour les sciences et les
arts; elle fit de Sceaux, sa demeure habituelle, un séjour
enchanteur où elle accueilloit les gens de lettres, les sa-
vants et les artistes avec la plus grande distinction : elle
se composa une petite cour dont elle-même faisoit le
plus bel ornement, et où les plaisirs se succédoient avec

rapidité. Malézieu, Saint-Aulaire, madame de Staal, furent ceux qu'elle admit de préférence à son intimité. Elle mourut, en 1753, à l'âge de 76 ans.

Elle avoit eu de son mariage plusieurs enfants qui moururent sans postérité.

MADAME,
Dᴇꜱꜱᴇ DU MAINE.

J. J. Blaise Libraire, Quai des Augustins.

MARIE-ANNE DE BOURBON, dite mademoiselle DE
BLOIS, fille naturelle de Louis XIV et de la duchesse
de La Vallière, naquit au château de Vincennes le 2 oc-
tobre 1666; elle fut légitimée, aussitôt après sa naissance, par lettres-patentes vérifiées au parlement le 14
mai 1667. Cette princesse étoit la femme la plus brillante
de la cour de Louis XIV; elle réunissoit aux graces de
sa mère toute la noblesse et le maintien du Roi. Le
bruit que fesoit sa beauté fut tel qu'il parvint au-delà
même de l'Europe, et que l'empereur de Maroc, en re-
cevant le portrait du roi, demanda celui de la princesse
sa fille. Elle épousa le 16 janvier 1680, à Saint-Germain
en Laye, Louis-Armand de Bourbon, prince de Conty,
neveu du grand Condé, et ce qu'il y a de singulier, c'est
que ce mariage fut sur-tout l'ouvrage de madame de
Montespan qui espéroit, par ce premier exemple de la
fille naturelle d'un roi mariée à un prince du sang,
contribuer dans la suite à l'élévation de ses propres
enfants.

La douceur et la facilité du caractère de cette princesse, jointes à un penchant très vif pour la coquetterie, l'ont rendue l'héroïne de plusieurs aventures qu'on peut lire dans les Mémoires du temps, mais qu'il faut bien se garder de croire trop aveuglément. C'est ainsi, par exemple, qu'on a tenté d'élever des soupçons sur la pureté de l'amitié qui l'unissoit au grand dauphin, et dont elle fit éclater tant de marques à la mort de celui-ci; tandis qu'il est constant que cette liaison n'excéda jamais les bornes de celle qui doit exister entre un frère et sa sœur.

Elle perdit en 1685 son époux qui mourut des suites de la petite-vérole, dont elle-même avoit été atteinte quelque temps auparavant. Cette mort ne l'éloigna pas de la cour dont elle continua à faire l'ornement, et de laquelle Louis XIV, qui l'affectionnoit plus que toutes ses autres filles naturelles, n'eût jamais consenti qu'elle s'éloignât.

Elle mourut en 1739.

M.ᵉ Dien. f.ᵗ

MADEMOISELLE

DE BLOIS.

J. J. Blaise. Libraire, Quai des Augustins.

———

FOUQUET (Nicolas) naquit à Paris en 1615. Son éducation fut dirigée dès sa jeunesse vers la carrière de la magistrature, où il se fit connoître de la manière la plus favorable. Pourvu, dès l'âge de vingt ans, de la charge de maître des requêtes, il fut à trente-cinq revêtu de celle de procureur-général au parlement de Paris; il se distingua, pendant les troubles de la Fronde, par son attachement à la reine mère, qui l'en récompensa en le faisant nommer surintendant des finances en 1652. Cette place étoit, par le désordre extrême qui régnoit alors dans les finances, la plus difficile de l'Etat. Fouquet ne remédia pas complétement à la pénurie du trésor royal : il s'occupa plutôt des moyens de la dissimuler que de ceux d'en faire cesser la cause. Il engagea ses propres biens, ceux de sa femme, emprunta des sommes considérables, et par-là augmenta les dettes de l'Etat au lieu de s'occuper de les éteindre à l'aide d'une sage économie. D'un autre côté, Fouquet commit plus d'une imprudence, il déployoit un luxe immodéré, il faisoit élever à Vaux un palais magnifique, à Bellisle des fortifications considérables; il disputoit sans le savoir, au roi, le cœur de mademoiselle de La Vallière. Ses ennemis s'emparèrent de toutes ces circonstances, et les firent si bien valoir auprès de Louis XIV, que la perte de Fouquet fut résolue. Un voyage du roi en Bretagne, en obligeant Fouquet à quitter Paris, fournit le moyen de le faire arrêter avec plus de sûreté; ce fut le 5 septembre 1651 que cette arrestation eut lieu, au moment où Fouquet, dans la plus complète sécurité, se flattoit, dit-on, d'obtenir la place de premier ministre. Il fut bientôt instruit des motifs d'une telle disgrace : il ne s'agissoit rien moins que de projets de révolte, de crime de péculat et de dissipation dans les finances. On lui donna des commissaires pour instruire son procès; après trois années entières employées à cette affaire, il fut acquitté sur les deux chefs de révolte et de péculat, et, sur le troisième, il fut condamné à la confiscation de ses biens et au bannissement. Le roi commua cette peine en une détention perpétuelle, et il fut renfermé au château de Pignerol où il mourut le 23 mars 1680, à l'âge de 65 ans, après une captivité de 19 années. Il n'est pas vrai, ainsi qu'on l'a imprimé plusieurs fois, qu'il soit sorti de prison quelque temps avant sa mort : des documents récemment recueillis démentent complétement cette assertion. Si Fouquet eut des ennemis puissants, parmi lesquels on compte Colbert, Le Tellier et même le cardinal Mazarin, il eut des amis aussi illustres que dévoués : Pelisson, La Fontaine, Saint-Evremont, Hesnault, Gourville, madame de Sévigné, mademoiselle de Scuderi, parlèrent et agirent en sa faveur. On doit au premier trois Mémoires dignes des beaux jours du barreau d'Athènes et de Rome, et le second exhala sa douleur profonde dans des vers aussi courageux que touchants.

FOUQUET, SURINT.ᵈᵗ DES FINANCES.

J.J. Blaise Libraire, Quai des Augustins.

N° XIII.

LOUVOIS (François-Michel Le Tellier, marquis de) naquit à Paris le 18 janvier 1641. Les services rendus par son père Michel Le Tellier, chancelier de France, valurent au fils, dès l'âge de quatorze ans, la survivance de la charge de secrétaire d'Etat au département de la guerre, dont il fut définitivement pourvu en 1655, et qu'il eut la permission d'exercer en 1662. Ses services le firent en peu de temps remarquer par le roi, qui lui confia entièrement le département de la guerre. Sa vigilance et ses lumières embrassoient avec facilité toutes les parties de cette vaste administration, et il en donna plus d'une preuve dans les préparatifs qu'il fit pour la campagne de Flandre en 1672. Ce fut lui qui établit la méthode, malheureusement inusitée aujourd'hui chez toutes les puissances européennes, de faire subsister les armées par les magasins, et non pas aux dépens des pays qu'elles traversent. Louvois rétablit la discipline parmi les troupes; il régla un nouveau mode d'avancement dont la base fut sur-tout dans les services rendus, il perfectionna l'infanterie ; et c'est principalement à ses conseils que nous devons l'établissement des Invalides. En un mot, si la France se signala par les plus brillantes conquêtes depuis 1665 jusqu'en 1691, elle ne le dut pas moins aux talents de ses généraux et au courage de ses soldats, qu'au zèle et à l'habileté de Louvois.

Tant de belles qualités furent cependant obscurcies par des défauts : on lui reproche une brusquerie de manières et une sévérité de caractère qui alloient jusqu'à la dureté; on lui impute également une ambition sans bornes et une soif de richesses qui ne l'étoient pas moins. Louvois mourut le 19 juillet 1691, à l'âge de 51 ans, des suites d'une altercation assez vive qu'il eut avec le roi.

F. M. LE TELLIER,

Mis DE LOUVOIS.

N° XIV.

ARNAULD (SIMON, marquis de Pomponne) étoit fils
de Robert Arnauld-d'Andilly, célèbre solitaire de Port-
Royal, et il étoit neveu du fameux Antoine Arnauld. Son
père avoit rempli plusieurs emplois à la cour avec la plus
haute distinction; le fils marcha sur ses traces. Dès l'âge
de vingt-trois ans ses talents le firent employer en Italie
comme négociateur; on le vit ensuite successivement in-
tendant des armées du roi à Naples et en Catalogne, puis,
en 1665, ambassadeur en Suède, d'où il fut envoyé en
Hollande et rappelé une seconde fois à l'ambassade de
Suède en 1671; il parvint alors à conclure cette fameuse
ligue du Nord si utile à la France. Louis XIV récompensa tant de services et d'habileté en l'appelant à la
place de ministre-secrétaire d'Etat des affaires étran-
gères, vacante par la mort de M. de Lyonne. Pomponne
en fut pourvu dans cette même année 1671. Ce choix
fut reçu avec un applaudissement général qui fut bien
justifié par la manière dont le nouveau ministre exerça
cette charge importante. La douceur et l'aménité de son

caractère ne pouvoient se comparer qu'à la force et à la justesse de son esprit, et à l'étendue de ses connoissances. Trop parfait pour ne pas exciter l'envie, Pomponne fut victime d'une intrigue de cour à laquelle, dit-on, Colbert et Louvois·ne furent pas étrangers : en 1679 il tomba dans la disgrace du roi, et fut remplacé par Croissy. On le vit alors quitter les affaires publiques avec une réputation aussi pure que lorsqu'il y étoit entré, et reporter dans un petit cercle d'amis, et au sein des vertus domestiques, cet esprit et ces talents qu'il avoit fait briller sur un théâtre plus élevé : *Le ministère ne l'avoit point changé,* écrivoit madame de Sévigné à sa fille, *la disgrace ne le change point aussi.* Douze années après il reparut à la cour, et reprit place au conseil en qualité de ministre d'Etat, la seule qu'il consentit à accepter. Il mourut le 26 septembre 1699, à l'âge de 81 ans.

S. A. DE POMPONNE.

J. J. Blaise Libraire, Quai des Augustins.

N° XV.

LUXEMBOURG (FRANÇOIS - HENRI DE MONTMO-RENCY, duc de) naquit le 7 janvier 1628; il étoit fils du fameux Bouteville qui fut décapité, sous Louis XIII, pour s'être battu en duel. Parent du grand Condé, il fut aussi son élève, et suivit constamment sa fortune : on le vit en 1643 à la bataille de Rocroi. Sa réputation le fit nommer en 1668 lieutenant-général, et il fit en cette qualité la campagne de Franche-Comté; il commanda en chef dans celle de Hollande, en 1672, qu'il commença de la manière la plus brillante, et qui fut terminée par une retraite non moins glorieuse. En 1674 il obligea le prince d'Orange à lever le siége de Charleroi, et servit, sous le prince de Condé, à la sanglante journée de Senef; l'année suivante il fut fait maréchal de France. Nommé au commandement de l'armée de Flandre, après la mort de Turenne, il se signala aux batailles de Cassel et de Saint-Denis près Mons. Au milieu de tant de gloire, Luxembourg fut conduit à la Bastille, et fut accusé d'être complice des sortiléges et des empoisonnements de La Voisin : cette absurde imputation entraîna cependant pour lui une captivité de quatorze mois, et une longue disgrace de la part de son souverain. Ce ne fut qu'en 1690 qu'on le vit replacé à la tête des troupes, qui le demandoient à grands cris. Les plus éclatantes victoires signalèrent son retour dans le sein de l'armée françoise, qui parut invincible sous ses ordres : Fleurus, Leuse, Steinkerke, Nerwinde, virent successivement triompher les drapeaux françois ; enfin la belle marche du camp de Vignamont jusqu'à l'Escaut vint couronner glorieusement autant d'exploits. Sa mort, qui suivit de près tous ces illustres travaux, fut en même temps le terme des victoires de Louis XIV : les soldats, dont il étoit le père, découragés par sa perte, ne parurent plus animés du même courage, et les résultats ne le prouvèrent que trop. Luxembourg mourut le 4 janvier 1695, à l'âge de 67 ans.

F. H. DE MONTMORENCY,
DUC DE LUXEMBOURG.

J. J. Blaise Libraire, Quai des Augustins.

————

GRIGNAN (FRANÇOIS – ADHÉMAR DE MONTEIL, comte de), d'une illustre famille de Provence, fut d'abord marié à mademoiselle Dupuis-du-Fou, ensuite à Angélique-Claire d'Angennes dont il eut deux filles. Devenu veuf pour la seconde fois en 1665, il épousa mademoiselle de Sévigné en 1669, et fut nommé en 1670 lieutenant- général au gouvernement de Provence.

Le roi le fit chevalier de l'ordre du Saint-Esprit en 1688, et il continua de résider en Provence où il mourut. (*Voir, pour plus de détails, la notice qui est en tête de la nouvelle édition des Lettres de madame de Sévigné.*)

MR. LE Cte. DE GRIGNAN.

J. J. Blaise Libraire, Quai des Augustins.

N° XVII.

MÉNAGE (Gilles) naquit à Angers le 15 août 1613. Ses premiers pas furent dirigés vers la carrière du barreau : il se fit recevoir avocat, et plaida même quelques causes. Dégoûté de cette profession, il embrassa l'état ecclésiastique, et obtint des bénéfices qui le mirent à même de se livrer tout entier à son goût pour les belles-lettres. Il fut cité, par quelques amis trop zélés, comme un des hommes de France qui allioit le plus de goût à l'érudition la plus profonde. Cet éloge exagéré, joint à un certain vernis de pédantisme et de présomption, ne contribua pas peu à lui susciter de nombreux ennemis, qui l'attaquèrent vivement, et auxquels il répondit avec non moins d'aigreur. Sa vie fut un combat perpétuel.

Au milieu de cette existence polémique, Ménage trouvoit encore assez de loisirs pour consacrer quelques instants aux Muses grecques et latines ; on a aussi de lui des poésies françoises et italiennes : ces dernières sont ce qu'il a fait de mieux en ce genre. Ses chants célébroient un sexe pour lequel il avoit toujours conservé un goût

fort tendre malgré sa dévotion, et on connoît les soins qu'il rendit à mesdames de La Fayette et de Sévigné, sur-tout avant leurs mariages. C'est lui, dit-on, que Molière a voulu peindre dans *les Femmes savantes* sous le personnage de *Vadius*. Quoi qu'il en soit, les travaux de Ménage sur les langues françoise et italienne ne sont point sans mérite, et peuvent fournir d'excellents matériaux. Il mourut en 1692, à l'âge de 79 ans.

GILLES MÉNAGE.

J.J.Blaise Libraire, Quai des Augustins.

N° XVIII.

FAYETTE (Marie – Madeleine Pioche de La Vergne, comtesse de La) naquit en 1632. Son éducation, dirigée par son père, fut aussi brillante que solide. Le latin lui fut enseigné par Ménage et le père Rapin, et ses progrès dans cette langue peu familière à son sexe étonnèrent même ses maîtres. Mariée en 1655 au comte de La Fayette dont elle eut deux fils, sa maison devint bientôt l'asile des gens de lettres les plus distingués : La Fontaine, Ménage, Segrais, Huet, évêque d'Avranches, furent ses amis intimes. Ce fut sous les auspices des deux derniers qu'elle publia *Zayde* et *la Princesse de Clèves*. Segrais consentit à les laisser paroître sous son nom, et Huet fit, pour mettre en tête de Zayde, son précieux *Traité de l'origine des Romans*. L'un et l'autre s'empressèrent toutefois de déclarer publiquement qu'ils n'avoient à ces deux charmants ouvrages d'autre part que celle d'éditeurs. La liaison intime qui exista entre madame de La Fayette et le duc de La Rochefoucauld est connue : la mort seule y mit fin ; mais

l'amitié et les regrets de madame de La Fayette survé-
curent à une perte aussi cruelle. « *Tout se consolera
hormis elle* », écrivoit à ce sujet madame de Sévigné à
sa fille ; en effet, les dix années qui s'écoulèrent depuis
cette époque jusqu'à celle de sa mort ne furent qu'in-
firmités et douleurs. Elle mourut en 1693, dans sa
soixantième année.

M.M.P. DE LA VERGNE,
C.esse DE LA FAYETTE.

CORNUEL (Anne-Bigot) étoit d'une famille d'Orléans, et naquit vers l'an 1606. Son esprit et ses graces
la firent rechercher dès son entrée dans le monde, où
elle ne tarda pas à rencontrer un parti digne d'elle : elle
épousa M. Cornuel, trésorier de l'extraordinaire des
guerres, dont elle fit long-temps le bonheur. Sa maison
devint bientôt le rendez-vous de l'élite de la cour et de
la ville, qui vouloit jouir de sa conversation spirituelle
et brillante. Ses reparties si vives, ses mots si pi-
quants, étoient recueillis et répétés avec avidité, et
passoient bientôt dans toutes les bouches. On ne savoit
ce qu'admirer le plus, ou de la prodigieuse facilité de
son esprit, ou du tour ingénieux à-la-fois et profond
qu'elle savoit donner à toutes ses pensées; ce qui ajou-
toit encore à leur charme, c'étoit l'absence totale d'affectation et de prétentions qu'on remarquoit en elle. On
peut voir dans les Lettres de madame de Sévigné plusieurs de ces bons mots qui n'ont rien perdu de leur sel,

malgré l'éloignement où nous sommes aujourd'hui des événements qui leur donnèrent naissance.

Elle mourut en 1693, à l'âge de quatre-vingt-sept ans; quelque temps avant sa mort elle apprit que madame de Villesavin, sa voisine, venoit de décéder âgée de quatre-vingt-treize ans : « Hélas! dit-elle, me voilà dé- « couverte, il n'y avoit plus qu'elle entre la mort et « moi. »

MADAME CORNUEL.

J.J.Blaise Libraire, Quai des Augustins.

N° XX.

SCUDERI (Madeleine) naquit à Apt en Provence,
en 1607. Née avec beaucoup d'esprit, elle fut malheureusement lancée dans quelques cotteries littéraires où
régnoient la prétention et l'affectation la plus ridicule ;
elle ne sut pas éviter la contagion, et ses ouvrages s'en
ressentirent d'une manière fâcheuse pour son talent :
Cyrus, Clélie, quoique accueillis avec enthousiasme
dans leur nouveauté, sont des romans dont la lecture
n'est pas supportable aujourd'hui, et dont l'excessive
longueur est le moindre défaut. C'est là qu'on trouve
ces cartes, ces descriptions du royaume du Tendre, du
fleuve de l'Estime, du village des Petits-Soins, etc. Ce
qui sauve tout ce fatras d'un éternel oubli, c'est la cri-
tique ingénieuse que Boileau a daigné en faire dans son
dialogue des héros de roman : on peut se former, dans
ce charmant écrit, une idée du style de mademoiselle
de Scuderi. Comme poëte, elle a laissé une foule de vers
qui ne sont pas tous également empreints d'un aussi
mauvais goût : on sait ceux qu'elle fit sur les œillets

cultivés par le grand Condé pendant sa captivité à Vincennes. En voici d'autres moins connus, et qui méritent
cependant de l'être ; elle les fit pour son portrait gravé
par Nanteuil : elle n'étoit rien moins que jolie, mais elle
le savoit, et se rendoit justice. Nanteuil l'avoit flattée ;
voici les vers qu'elle lui adressa :

> Nanteuil, en faisant mon image,
> A de son art signalé le pouvoir ;
> Je hais mes yeux dans mon miroir,
> Je les aime dans son ouvrage.

Mademoiselle de Scuderi avoit, au surplus, des qualités essentielles qui rachetoient amplement les défauts
de ses romans : sa conduite dans le procès de Fouquet
prouve qu'elle étoit amie tendre autant que courageuse.

Elle mourut à Paris le 2 juin 1701, âgée de 94 ans.

M.lle DE SCUDERY.

J.J.Blaise Libraire Quai des Augustins.

www.ingramcontent.com/pod-product-compliance
Lightning Source LLC
Chambersburg PA
CBHW060145100426
42744CB00007B/901